Sudoku

This edition published by Parragon Publishing
Queen Street House
4 Queen Street
Bath
BA1 1HE
UK

Puzzle compilation, typesetting and design by:
Puzzle Press Ltd
http://www.puzzlepress.co.uk

Produced by Magpie Books,
an imprint of Constable & Robinson Ltd
www.constablerobinson.com

A copy of the British Library Cataloguing in Publication Data
is available from the British Library

ISBN 1-40546-617-0

Printed and bound in the EU

7 9 10 8 6

Sudoku

SOLVING SUDOKU PUZZLES

No knowledge of mathematics is required for the solving of a sudoku puzzle: it is a matter of placing numbers into their correct positions in the grid.

Every grid has 81 squares and is formed of nine horizontal rows, nine vertical columns and nine boxes; and each of the nine boxes is made up of nine squares. Into every square a digit from 1 to 9 should be placed in such a way that each row, each column and each box contains nine different digits, as shown here:

ROW

3	2	1	4	9	8	6	7	5
9								
4								
2								
7								
6								
8			1	4	5			
5			9	3	7			
1			2	8	6			

COLUMN (left), BOX (right)

At the start of every puzzle you are presented with a grid with a few numbers filled in. To solve the puzzle, you need to look to see where other numbers should be placed. For instance, with the following puzzle, a good start would be to place the 2 which needs to be in the box shown shaded:

			9					6
		1					4	
	5	8		2		1		
			7		6			1
		2		5		7		
9			3		2			
		9		7		2	8	
	7					5		
3					4			

It cannot be in the fifth or sixth rows (each of which already contains a 2) nor in the seventh column (which has a 2), so it must be in the eighth column of the fourth row.

When first starting a sudoku puzzle, begin by putting in the numbers you can easily see and then write in the possibilities for other squares – as per this example:

3	14578	1478	45	14569	2	1469	5679	1459
157	6	9	345	1345	8	14	357	2
15	145	2	345	7	14569	8	3569	13459
127	1237	137	6	189	179	5	4	1389
8	1234	134	245	1459	1459	1269	2369	7
6	9	5	2478	148	3	12	28	18
159	1358	6	3458	2	45	7	589	4589
4	2578	78	9	568	567	3	1	58
2579	23578	378	1	3458	457	249	2589	6

With 1, 2 and 8 the only possibilities in the seventh, eighth and ninth columns of the sixth row, you could now go on to cross out the potential for 1, 2 or 8 to appear in any other square in the sixth row: thus the number in the fifth column of the sixth row is 4, so the number in the fourth column of the sixth row is 7.

Similarly, with 3, 4 and 5 the only possibilities in the first, second and third rows of the fourth column, you could now go on to cross out the potential for 3, 4 or 5 to appear in any other square in the fourth column: thus the number in the fifth row of the fourth column is 2 and the number in the seventh row of the fourth column is 8… and so you would continue to eliminate the alternatives in this way.

There are four levels of puzzle in this book, ranging from the easier, starter puzzles at the beginning to some expert puzzles at the end of the book – and by the time you have reached the end of the book, you will truly be an expert in solving sudoku puzzles!

Puzzles

1

1	9	6	2	5	8	3	4	7
7	4	5	6	9	3	1	8	2
3	2	8	1	7	4	5	9	6
4	7	3	5	2	1	9	6	8
6	1	2	9	8	7	4	3	5
8	5	9	3	4	6	7	2	1
2	3	7	8	1	9	6	5	4
5	6	4	7	3	2	8	1	9
9	8	1	4	6	5	2	7	3

Level 1: Quick

2

6	7	1	8	3	2	4	9	5
3	4	5	9	7	1	2	6	8
8	9	2	4	6	5	3	1	7
9	8	7	6	1	4	5	2	3
4	5	6	2	8	3	9	7	1
2	1	3	7	5	9	8	4	6
1	3	4	5	2	7	6	8	9
5	2	8	1	9	6	7	3	4
7	6	9	3	4	8	1	5	2

Level 1: Quick

3

3	1	4	5	7	8	9	2	6
8	7	5	6	9	2	4	3	1
2	9	6	4	3	1	8	5	7
4	5	1	7	8	9	3	6	2
6	3	7	2	1	4	5	9	8
9	2	8	3	6	5	1	7	4
1	6	9	8	2	3	7	4	5
5	8	2	9	4	7	6	1	3
7	4	3	1	5	6	2	8	9

Level 1: Quick

4

3	7	5	4	8	1	6	2	9
6	9	8	3	2	7	1	4	5
2	1	4	6	5	9	3	8	7
5	4	2	8	7	6	9	3	1
9	3	6	1	4	5	8	7	2
1	8	7	2	9	3	5	6	4
8	2	1	9	6	4	7	5	3
4	5	3	7	1	8	2	9	6
7	6	9	5	3	2	4	1	8

Level 1: Quick

5

1	9	5	4	7	3	8	2	6
7	2	3	6	5	8	4	9	1
4	8	6	2	1	9	7	5	3
9	5	2	7	3	4	1	6	8
8	6	4	5	2	1	3	7	9
3	7	1	9	8	6	2	4	5
6	4	8	3	9	2	5	1	7
5	3	9	1	4	7	6	8	2
2	1	7	8	6	5	9	3	4

Level 1: Quick

6

7	6	8	5	3	2	9	4	1
2	3	4	6	9	1	5	7	8
5	1	9	4	8	7	3	2	6
3	4	5	2	6	9	1	8	7
8	2	1	3	7	4	6	5	9
6	9	7	8	1	5	2	3	4
4	8	3	1	2	6	7	9	5
1	7	2	9	5	8	4	6	3
9	5	6	7	4	3	8	1	2

Level 1: Quick

7

2	5	3	9	4	8	7	6	1
6	4	8	7	1	5	2	3	9
7	9	1	6	2	3	4	8	5
5	8	6	4	3	9	1	7	2
3	2	9	1	5	7	8	4	6
4	1	7	8	6	2	5	9	3
8	3	4	5	9	1	6	2	7
9	6	5	2	7	4	3	1	8
1	7	2	3	8	6	9	5	4

Level 1: Quick

8

5	3	7	4	9	2	6	1	8
9	6	1	8	3	5	4	7	2
4	8	2	7	1	6	3	5	9
2	4	5	9	8	3	1	6	7
8	1	6	5	7	4	9	2	3
7	9	3	2	6	1	8	4	5
1	7	8	6	2	9	5	3	4
6	2	4	3	5	8	7	9	1
3	5	9	1	4	7	2	8	6

Level 1: Quick

9

4	5	9	6	7	8	3	2	1
2	7	1	5	3	9	6	8	4
3	8	6	4	1	2	7	9	5
5	6	3	1	9	4	8	7	2
1	4	2	8	6	7	5	3	9
8	9	7	3	2	5	4	1	6
7	1	5	2	4	3	9	6	8
6	3	4	9	8	1	2	5	7
9	2	8	7	5	6	1	4	3

Level 1: Quick

10

2	3	5	6	8	7	1	4	9
1	6	9	4	3	2	5	7	8
4	8	7	5	9	1	6	2	3
3	4	1	2	5	9	7	8	6
9	7	6	8	1	3	4	5	2
5	2	8	7	6	4	3	9	1
6	9	4	1	2	5	8	3	7
8	5	2	3	7	6	9	1	4
7	1	3	9	4	8	2	6	5

Level 1: Quick

11

1	8	3	4	6	9	5	7	2
6	4	7	2	8	5	1	9	3
9	5	2	7	3	1	6	4	8
2	9	4	8	5	3	7	1	6
7	1	8	6	2	4	3	5	9
5	3	6	9	1	7	8	2	4
4	6	1	5	9	8	2	3	7
3	2	9	1	7	6	4	8	5
8	7	5	3	4	2	9	6	1

Level 1: Quick

12

1	8	5	9	2	3	7	4	6
6	3	7	1	4	8	2	9	5
2	4	9	5	7	6	8	1	3
3	6	4	7	9	5	1	2	8
7	5	1	2	8	4	3	6	9
9	2	8	3	6	1	5	7	4
5	9	3	6	1	7	4	8	2
4	1	2	8	3	9	6	5	7
8	7	6	4	5	2	9	3	1

Level 1: Quick

13

6	1	5	8	4	2	7	9	3
4	8	3	9	7	5	6	2	1
2	7	9	3	6	1	4	8	5
8	3	7	5	9	6	1	4	2
1	9	4	7	2	8	3	5	6
5	2	6	1	3	4	8	7	9
9	4	8	6	5	3	2	1	7
7	6	2	4	1	9	5	3	8
3	5	1	2	8	7	9	6	4

Level 1: Quick

14

9	7	5	1	4	2	6	3	8
2	1	6	8	3	7	5	9	4
3	8	4	9	6	5	1	2	7
7	6	2	5	1	9	8	4	3
4	3	1	2	8	6	9	7	5
8	5	9	3	7	4	2	6	1
6	2	7	4	5	8	3	1	9
5	9	3	7	2	1	4	8	6
1	4	8	6	9	3	7	5	2

Level 1: Quick

15

9	4	5	1	3	8	6	7	2
3	2	8	4	6	7	9	5	1
7	1	6	9	5	2	8	3	4
1	5	3	7	9	4	2	8	6
8	6	9	5	2	1	3	4	7
4	7	2	6	8	3	5	1	9
5	8	4	2	7	9	1	6	3
2	3	1	8	4	6	7	9	5
6	9	7	3	1	5	4	2	8

Level 1: Quick

16

1	5	4	3	8	2	7	9	6
2	6	7	9	5	4	1	8	3
9	3	8	7	1	6	4	5	2
6	1	2	5	3	7	8	4	9
7	8	3	2	4	9	6	1	5
4	9	5	1	6	8	3	2	7
5	7	1	4	2	3	9	6	8
8	4	9	6	7	5	2	3	1
3	2	6	8	9	1	5	7	4

Level 1: Quick

17

8	3	7	2	1	6	9	5	4
1	9	6	4	3	5	8	2	7
4	2	5	9	8	7	1	6	3
9	1	2	5	7	3	4	8	6
5	4	3	6	9	8	2	7	1
6	7	8	1	2	4	5	3	9
7	5	1	3	4	2	6	9	8
2	8	9	7	6	1	3	4	5
3	6	4	8	5	9	7	1	2

Level 1: Quick

18

2	3	9	6	7	1	4	5	8
7	5	1	8	4	9	6	2	3
6	8	4	2	3	5	1	7	9
1	4	3	5	2	6	8	9	7
9	2	5	1	8	7	3	6	4
8	6	7	3	9	4	2	1	5
3	1	6	7	5	8	9	4	2
5	9	8	4	6	2	7	3	1
4	7	2	9	1	3	5	6	6

Level 1: Quick

19

6	9	5	4	8	1	7	2	3
4	8	7	9	3	2	5	1	6
3	1	2	6	5	7	4	9	8
9	5	6	8	2	3	1	7	4
8	7	3	1	4	5	2	6	9
1	2	4	7	6	9	3	8	5
5	4	8	2	1	6	9	3	7
2	3	9	5	7	8	6	4	1
7	6	1	3	9	4	8	5	2

Level 1: Quick

20

7	2	9	5	3	8	1	6	4
8	6	5	1	2	4	3	7	9
3	1	4	9	6	7	5	8	2
2	9	1	3	8	6	4	5	7
6	4	7	2	1	5	8	9	3
5	3	8	4	7	9	6	2	1
9	5	2	8	4	3	7	1	6
1	7	3	6	5	2	9	4	8
4	8	6	7	9	1	2	3	5

Level 1: Quick

21

8	1	5	7	2	6	9	4	3
6	3	9	5	4	1	7	8	2
4	2	7	8	3	9	1	5	6
9	6	3	2	8	4	5	1	7
1	7	8	6	5	3	2	9	4
5	4	2	1	9	7	3	6	8
3	8	6	9	7	5	4	2	1
7	5	1	4	6	2	8	3	9
2	9	4	3	1	8	6	7	5

Level 1: Quick

22

8	7	9	6	4	5	3	1	2
4	6	1	2	3	9	8	5	7
2	3	5	1	7	8	6	9	4
7	9	8	3	2	4	5	6	1
3	5	6	9	1	7	2	4	8
1	2	4	5	8	6	9	7	3
9	4	3	8	6	1	7	2	5
5	1	2	7	9	3	4	8	6
6	8	7	4	5	2	1	3	9

Level 1: Quick

23

8	6	5	2	9	7	1	3	4
9	3	2	4	1	5	6	7	8
4	7	1	3	8	6	5	9	2
1	9	8	5	4	3	2	6	7
3	4	6	7	2	1	8	5	9
2	5	7	9	6	8	4	1	3
7	2	4	1	5	9	3	8	6
5	8	3	6	7	4	9	2	1
6	1	9	8	3	2	7	4	5

Level 1: Quick

24

5	6	1	2	7	9	4	3	8
8	7	4	3	1	5	2	6	9
9	2	3	6	4	8	5	1	7
7	3	6	1	5	4	9	8	2
2	4	8	9	6	3	7	5	1
1	5	9	7	8	2	6	4	3
3	8	2	4	9	6	1	7	5
6	1	5	8	2	7	3	9	4
4	9	7	5	3	1	8	2	6

Level 1: Quick

25

9	2	4	8	1	3	6	7	5
7	6	8	5	4	2	3	9	1
3	1	5	6	9	7	8	2	4
1	5	2	7	6	4	9	8	3
6	3	7	1	8	9	5	4	2
4	8	9	2	3	5	7	1	6
8	4	3	9	2	6	1	5	7
2	7	1	3	5	8	4	6	9
5	9	6	4	7	1	2	3	8

Level 1: Quick

26

2	1	7	4	9	5	8	3	6
3	6	8	2	7	1	5	4	9
9	5	4	8	6	3	2	1	7
8	4	6	1	5	7	9	2	3
5	7	2	3	8	9	1	6	4
1	9	3	6	4	2	7	5	8
4	2	5	7	3	8	6	9	1
7	3	9	5	1	6	4	8	2
6	8	1	9	2	4	3	7	5

Level 2: Moderate

27

1	2	7	9	6	4	3	5	8
6	8	9	5	3	2	7	1	4
3	5	4	1	8	7	9	2	6
7	1	2	4	5	3	8	6	9
8	9	6	2	7	1	5	4	3
4	3	5	8	9	6	2	7	1
2	6	3	7	1	8	4	9	5
9	7	1	3	4	5	6	8	2
5	4	8	6	2	9	1	3	7

Level 2: Moderate

28

1	7	6	4	8	2	3	9	5
4	9	2	3	1	5	6	7	8
3	5	8	6	7	9	4	1	2
8	2	7	9	4	6	5	3	1
6	3	9	2	5	1	8	4	7
5	1	4	7	3	8	2	6	9
7	8	5	1	6	3	9	2	4
9	6	1	5	2	4	7	8	3
2	4	3	8	9	7	1	5	6

Level 2: Moderate

29

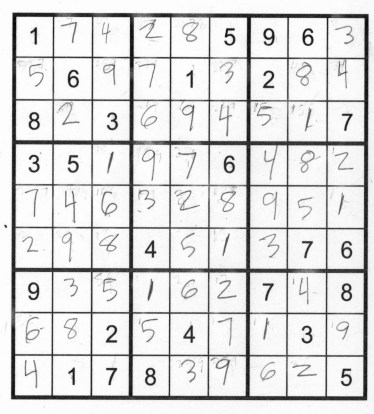

1	7	4	2	8	5	9	6	3
5	6	9	7	1	3	2	8	4
8	2	3	6	9	4	5	1	7
3	5	1	9	7	6	4	8	2
7	4	6	3	2	8	9	5	1
2	9	8	4	5	1	3	7	6
9	3	5	1	6	2	7	4	8
6	8	2	5	4	7	1	3	9
4	1	7	8	3	9	6	2	5

Level 2: Moderate

30

6	7	1	4	8	2	9	3	5
3	8	4	9	5	6	2	1	7
9	2	5	3	7	1	4	6	8
5	4	3	6	9	7	8	2	1
8	1	9	5	2	4	6	7	3
7	6	2	1	3	8	5	9	4
4	9	8	7	6	3	1	5	2
2	5	7	8	1	9	3	4	6
1	3	6	2	4	5	7	8	9

Level 2: Moderate

31

			6	1	_2_	3	4	_8_
8	_6_	_4_	5			_7_	_2_	
_3_		_4_	_8_	_8_	_2_	_7_	6	
9	_1_	_1_	_4_	_5_	8	2	_3_	6
	4	_2_	_9_	6		_8_	1	_39_
6	_8_	3	2	_59_	_1_	_4_	_9_	7
	7	_9_		_2_	_6_		_8_	_4_
_4_	_8_	_8_			9		_7_	2
_2_	3	6		4	5		_78_	

Level 2: Moderate

32

5	4	8	2	9	7	1	6	3
7	1	9	6	4	3	5	8	2
3	6	2	5	8	1	4	7	9
9	2	1	3	6	8	7	4	5
4	5	7	1	2	9	8	3	6
6	8	3	7	5	4	2	9	1
1	3	5	8	7	6	9	2	4
2	7	4	9	3	5	6	1	8
8	9	6	4	1	2	3	5	7

Level 2: Moderate

33

8	5	1	6	4	279	29	3	279
279	79	6	1	8	3	4	2569	25679
279	3	4	259	279	2579	129	8	125679
1479	1479	8			6	3		
3	1469	5				7		8
1679	14679	2	8					
4	8	7	235	235	25	6	1	9
5	6	9	7	1	4	8	2	23
1	2	3	9	6	8	5	7	4

Level 2: Moderate

34

1	5	4	6	8	9	7	3	2
3	8	6	5	7	2	1	9	4
9	7	2	4	1	3	6	8	5
2	1	3	8	9	4	5	6	7
8	4	5	7	3	6	9	2	1
7	6	9	1	2	5	3	4	8
5	2	7	9	6	8	4	1	3
6	3	1	2	4	7	8	5	9
4	9	8	3	5	1	2	7	6

Level 2: Moderate

35

7	5	8	6	1	9	2	3	4
2	1	9	4	7	3	8	6	5
4	3	6	8	5	2	1	9	7
5	7	3	9	4	1	6	8	2
8	2	1	5	3	6	7	4	9
6	9	4	7	2	8	5	1	3
3	4	2	1	8	7	9	5	6
1	6	5	2	9	4	3	7	8
9	8	7	3	6	5	4	2	1

Level 2: Moderate

36

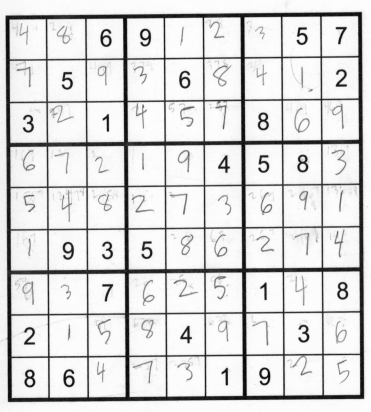

Level 2: Moderate

37

4	8	3	6	9	1	7	2	5
9	1	6	2	7	5	8	6	4
5	2	7	4	3	8	9	1	3
6	4	8	7	5	2	3	9	1
1	3	9	8	4	6	2	5	7
2	7	5	9	1	3	4	8	6
1	258	2	3	8	4	6	7	9
8	9	4	5	6	7	1	3	2
37	26	246	1	2	9	5	4	8

Level 2: Moderate

38

567	4	1	579	9	567	579	3	2
23567 9	267	39	3 5 79	68 79	2367	579	1	4
2357	27	8	1357	7	4	9	6	57
2349	1	7	6	4	2359	5	5	8
238	5	4	87	1	277	23	9	6
2369	26	39	359	2	8	4	7	1
79	78	5	2	3	1	6	4	79
4	3	26	89	68	69	1	28	57
1	9	26	348	5	7	23	28	37

Level 2: Moderate

39

7	9	2	6	3	5	8	4	1
1	4	6	7	9	8	5	2	3
5	8	3	2	4	1	7	6	9
2	1	9	8	7	3	4	5	6
8	5	4	1	6	9	3	7	2
6	3	7	5	2	4	9	1	8
4	2	5	3	8	6	1	9	7
3	6	1	9	5	7	2	8	4
9	7	8	4	1	2	6	3	5

Level 2: Moderate

40

9	2	6	5	3	8	1	7	4
7	3	5	1	4	2	9	6	8
4	8	1	7	9	6	3	5	2
3	6	8	4	2	5	7	9	1
5	4	7	9	8	1	2	3	6
1	9	2	3	6	7	8	4	5
8	1	3	6	5	9	4	2	7
2	5	4	8	7	3	6	1	9
6	7	9	2	1	4	5	8	3

Level 2: Moderate

41

6	4	5	1	3	2	9	7	8
7	1	3	5	9	8	4	2	6
8	9	2	4	6	7	3	5	1
9	5	8	2	7	4	6	1	3
2	7	4	6	1	3	8	9	5
1	3	6	9	8	5	2	4	7
3	6	1	7	4	9	5	8	2
4	2	7	8	5	6	1	3	9
5	8	9	3	2	1	7	6	4

Level 2: Moderate

42

8	1	9	7	5	2	3	4	6
4	7	3	8	9	6	1	2	5
6	5	2	4	3	1	7	9	8
5	4	1	9	2	8	6	7	3
9	3	7	1	6	5	2	8	4
2	8	6	3	7	4	5	1	9
3	2	4	6	8	7	9	5	1
1	9	5	2	4	3	8	6	7
7	6	8	5	1	9	4	3	2

Level 2: Moderate

43

9	4	8	6	5	1	7	3	2
7	5	6	4	3	2	1	8	9
2	1	3	8	9	7	4	5	6
3	2	4	1	7	8	6	9	5
1	8	7	9	6	5	3	2	4
6	9	5	3	2	4	8	1	7
5	6	9	7	8	3	2	4	1
8	7	1	2	4	9	5	6	3
4	3	2	5	1	6	9	7	8

Level 2: Moderate

44

3	9	7	6	8	2	5	1	4
2	4	5	1	7	9	3	8	6
6	8	1	5	4	3	9	2	7
149	126	24	7	5	166	124	3	8
8	1236	235	9	23	16	7	4	5
7	5	234	8	235	4	12	6	9
		9	2	1	5	6	7	3
5	12	2	4	6	7	8	9	2
1	7	6	3	9	8	4	5	1

Level 2: Moderate

45

5	3	7	4	9	1	2	6	8
6	4	8	2	5	3	7	9	1
2	1	9	8	7	6	3	5	4
8	6	4	9	3	5	1	2	7
1	5	3	7	8	2	6	4	9
7	9	2	1	6	4	5	8	3
4	7	6	3	2	8	9	1	5
9	8	5	6	1	7	4	3	2
3	2	1	5	4	9	8	7	6

Level 2: Moderate

46

5	7	8	3	1	4	6	9	2
4	9	3	8	6	2	7	1	5
6	1	2	9	5	7	3	4	8
9	5	7	4	8	3	1	2	6
2	4	6	1	7	9	5	8	3
3	8	1	5	2	6	9	7	4
1	6	9	2	3	8	4	5	7
8	3	5	7	4	1	2	6	9
7	2	4	6	9	5	8	3	1

Level 2: Moderate

47

2	7	4	9	3	5	6	1	8
5	6	9	2	1	8	4	7	3
8	3	1	6	7	4	9	5	2
9	5	2	7	4	3	8	6	1
6	1	8	5	9	2	7	3	4
7	4	3	1	8	6	2	9	5
1	9	5	4	2	7	3	8	6
3	2	7	8	6	1	5	4	9
4	8	6	3	5	9	1	2	7

Level 2: Moderate

48

5	9	3	4	7	6	2	8	1
7	1	8	2	5	9	4	6	3
4	2	6	3	8	1	9	5	7
2	6	4	5	1	8	7	3	9
1	8	9	7	4	3	5	2	6
3	5	7	9	6	2	1	4	8
8	4	5	6	9	7	3	1	2
9	3	1	8	2	5	6	7	4
6	7	2	1	3	4	8	9	5

Level 2: Moderate

49

2	5	8	3	6	9	7	1	4
4	7	9	1	2	8	5	3	6
1	3	6	4	5	7	2	9	8
9	1	8	5	3	6	4	7	2
3	4	7	8	1	2	6	5	9
68	2	5	7	9	4	1	8	3
3	9	1	2	4	5	8	6	7
7	6	4	9	8	1	3	2	5
5	8	2	6	7	3	9	4	1

Level 2: Moderate

50

3	8	259	8		1	792	4	2
1-45-9	49	2459	8	6	3	792	1	2
1-5	6	7	9		4	8	3	2
3	2	3	6	4	8	1	5	479
		1	35	355	9	6	2	1-479
49	5	6	2	1	7	3	8	49
2	1	8	4	9	6	5	7	3
			1	7	5	2	6	8
	7		38	38	2	4	9	1

Level 2: Moderate

51

7		6	8		3			
4		3	9		2			
	9			4				
6		2	5		9			8
	3						1	
8			1		6	2		3
				9			8	
			7		4	1		9
			3		5	4		2

Level 2: Moderate

52

	8	2		3				
					7			9
		5	2	9			3	
			9					4
		3		5		2		
1					6			
	7			6	8	1		
6			4					
				2		8	5	

Level 2: Moderate

53

						2	1	
6			8					7
				7		4	3	
			6				4	9
	3			4			7	
2	9				5			
	1	8		3				
3					2			5
	4	2						

Level 2: Moderate

54

1			5		9			8
5	2			3			4	7
8		2				1		4
	1	9				7	5	
4		5				6		3
9	8			4			3	6
6			8		2			5

Level 2: Moderate

55

		5	9		3	6		
	2						4	
9			4		7			8
	9		5	3	6		7	
		8				1		
	7		1	8	9		5	
7			3		1			4
	3						6	
		2	8		5	3		

Level 2: Moderate

56

		9				5		
2	8			4			6	7
		1	9		6	3		
5				9				3
			1		4			
7				8				5
		7	2		8	4		
3	2			1			9	6
		5				8		

Level 2: Moderate

57

				2				
	7		4		8		2	
4			7		5			1
3	9		6		7		8	4
		4		3		6		
7	6		1		4		9	2
8			5		1			9
	3		8		9		5	
				6				

Level 2: Moderate

58

				2		3	1	
9			1		7			
			9			6		
					9	1		4
		3		1		2		
8		4	5					
		1			6			
			8		1			5
	7	6		3				

Level 2: Moderate

59

6			9					
5				7	8			
3				2		9	8	4
		6					3	
9	4						7	1
	8					2		
4	3	1		6				8
			8	1				5
					3			2

Level 2: Moderate

60

7		8				5		2
	3		7		8		1	
	1						9	
9				6				4
	2		9		5		6	
1				2				5
	5						4	
	4		8		3		7	
6		9				8		3

Level 2: Moderate

61

	3				2	4	7	
					4	3		
		5		1				6
					6	1		7
	7						9	
8		4	3					
3				9		7		
		8	5					
	9	6	2				1	

Level 3: Tricky

62

		4	9	6				
2								9
		6	7		2		8	1
	3	2	4					
5								4
					5	7	9	
4	9		8		3	5		
1								7
				7	9	8		

Level 3: Tricky

63

		5	6				4	
2	4				9			1
		6	1					
6	5		4	2				
				1	7		3	6
					4	7		
5			9				2	8
	7				1	5		

Level 3: Tricky

64

			6			5		
3				1		9		8
	9	7	3					
		3			1	6	5	
	7						2	
	5	2	9			4		
					2	1	4	
5		8		9				2
		4			5			

Level 3: Tricky

65

			5		4	1		
			8	9			4	
		2				9	5	7
			7	4			3	
2								5
	6			3	9			
8	4	7				6		
	2			1	8			
		9	6		2			

Level 3: Tricky

66

6	2	3						
	7		3	8				
9			7		5			
				2	6		4	
		7				1		
	5		9	4				
			2		1			8
				9	3		2	
						6	1	9

Level 3: Tricky

67

	5	2	6					7
		6	9			5		
	3				7			8
						4	1	
3								6
	9	8						
5			3				8	
		7			9	2		
6					8	7	4	

Level 3: Tricky

68

	6	7	9					
	5			7	1			
							9	
1				3		8		
		2	7		5	9		
		8		9				4
	2							
			3	2			6	
					6	4	5	

Level 3: Tricky

69

			4		2		5	
			9	3		4		
						7	6	9
		8		7	6			
1								4
			5	8		2		
6	5	1						
		7		5	9			
	3		7		1			

Level 3: Tricky

70

		6				2	7	
						5		1
	9		3		5			
1				3				
	4		2		9		6	
				1				3
			8		6		9	
9		2						
	7	5				4		

Level 3: Tricky

71

6		8	3					
3				2	7			
								2
	8			9		4		
		9	6		5	2		
		4		7			1	
9								
			1	5				6
					9	5		3

Level 3: Tricky

72

3				2	7			
								4
					5			
	2					7	5	
	4			9			1	
	6	8					3	
			8					
7								
			4	1				6

Level 3: Tricky

73

					2		4	3
5					8			
4		1		7		2		
9					4		5	6
	6						3	
8	5		7					2
		6		4		5		1
			5					9
7	9		6					

Level 3: Tricky

74

8		5	4		7		2	
			5	1			7	
9								1
	6	4			8			
2								8
			2			5	1	
6								5
	8			3	5			
	3		6		1	7		9

Level 3: Tricky

75

	2			8		9		
					5		6	
4					1		3	8
					9	6	7	
8								2
	4	2	3					
2	7		1					9
	9		7					
		3		4			5	

Level 3: Tricky

76

		7			4			
	8	4			5		7	
6				9		3		
			7			4		1
	2						8	
8		9			6			
		8		2				7
	9		5			6	2	
			3			1		

Level 3: Tricky

77

	7			9		3		
		5				6		4
					1			8
	2			6			1	
			1		8			
	9			7			4	
7			8					
6		4				9		
		3		5			7	

Level 3: Tricky

78

8	3				4			
				7			1	8
	1	5			3	2		
9						6	7	
	8	6						1
		1	8			7	5	
2	7			9				
			6				2	9

Level 3: Tricky

79

9				1				3
8	2		7			6		
		3	2					
					8		7	5
		9				4		
5	6		3					
					1	8		
		1			4		3	7
4				9				1

Level 3: Tricky

80

4			2					
		9				5		
	1	6	8	4		7		
2				1	6		4	
	8		9	7				3
		1		8	4	9	7	
		5				6		
					3			8

Level 3: Tricky

81

							3	
	9			7	6			
					5			
2		3						8
7				1				6
4						5		9
			2					
			3	8			4	
	6							

Level 3: Tricky

82

	1	6		2		5		
		7					2	
			9					4
3			8		2			
		2		7		6		
			6		4			5
8					5			
	9					3		
		3		6		1	7	

Level 3: Tricky

83

5					4			7
8					1	2		
	9	3						
6			2			4	7	
			8		7			
	2	7			9			6
						3	4	
		9	3					2
3			4					8

Level 3: Tricky

84

				1	8			9
		8				2		
	7	5	2		4			1
4	8		6					
		9				6		
					9		3	2
6			3		7	9	8	
		4				5		
7			8	4				

Level 3: Tricky

85

	4	5	2	7		3		
			9		3			
		1				8		
9				4	5		7	
	2		1	3				6
		8				5		
			4		6			
		4		2	7	1	3	

Level 3: Tricky

86

		5	3	9				
						8		
9		6			8			
2				8			7	
4			5		9			8
	3			1				2
			6			5		7
		4						
				4	1	6		

Level 4: Expert

87

8				9	5			
	7		1		8			
6	2	5						
			2	6				3
		8				4		
1				3	7			
						2	7	4
			4		6		9	
			5	7				6

Level 4: Expert

88

5						9	8	
			3					
				5	7		6	
		4		6			2	
		5	4		2	6		
	8			9		3		
	1		7	2				
					1			
	9	8						2

Level 4: Expert

89

1			3			2		
	6				9		5	
8					2	7	6	
	2	9						
3								8
						4	7	
	5	1	8					6
	8		9				1	
		3			6			2

Level 4: Expert

90

6	7				4			
1			5	7				
								4
		5		3			9	
	2		1		7		4	
	9			4		8		
2								
				2	3			6
			6				8	1

Level 4: Expert

91

	8				2	3		7
	1		6					2
		3			5	9		
5		2						
	6						8	
						7		4
		8	5			1		
6					3		2	
1		9	8				3	

Level 4: Expert

92

						9		
	4			8	6			
				1		7		2
	8		4					
	6	7		9		1	2	
					5		3	
9		2		7				
			8	3			5	
		3						

Level 4: Expert

93

2				5				9
		3		1			8	
5			7				1	
		2			1	3		
			4		6			
		4	5			9		
	8				4			1
	5			7		8		
4				8				7

Level 4: Expert

94

7	6						2	
		1			6			5
			1		8		4	
							3	
	2		3	9	4		6	
	5							
	4		6		2			
2			9			7		
	1						8	2

Level 4: Expert

95

			7					8
		9			1		4	
	5				6	7		
		6			7	1		
	9		2		4		7	
		3	5			2		
		7	1				6	
	1		6			3		
8					5			

Level 4: Expert

96

	2	6			8	1		
	3		4					5
		1				6		
	9			5	2			
		4				3		
			1	3			8	
		7				2		
9					6		1	
		8	7			9	4	

Level 4: Expert

97

						9		
		4			8			1
	5		7		2			
3								6
		1		4		8		
9								2
			6		5		4	
2			3			7		
		8						

Level 4: Expert

98

4					5			
	5			3	2	8		
9							6	
			7					
	1						2	
					4			
	3							9
		2	1	6			8	
			9					7

Level 4: Expert

99

	2							7
3								
	4		6	5		1	2	
9		5		6		8		
				9				
		2		1		4		5
	8	1		2	7		5	
								8
2							3	

Level 4: Expert

100

			8			6		
4	9	6		5				
	1							
		2	3					
	5			1			9	
					6	7		
							2	
				9		3	4	1
		3			7			

Level 4: Expert

Solutions

1

1	9	6	2	5	8	3	4	7
7	4	5	6	9	3	1	8	2
3	2	8	1	7	4	5	9	6
4	7	3	5	2	1	9	6	8
6	1	2	9	8	7	4	3	5
8	5	9	3	4	6	7	2	1
2	3	7	8	1	9	6	5	4
5	6	4	7	3	2	8	1	9
9	8	1	4	6	5	2	7	3

2

6	7	1	8	3	2	4	9	5
3	4	5	9	7	1	2	6	8
8	9	2	4	6	5	3	1	7
9	8	7	6	1	4	5	2	3
4	5	6	2	8	3	9	7	1
2	1	3	7	5	9	8	4	6
1	3	4	5	2	7	6	8	9
5	2	8	1	9	6	7	3	4
7	6	9	3	4	8	1	5	2

3

3	1	4	5	7	8	9	2	6
8	7	5	6	9	2	4	3	1
2	9	6	4	3	1	8	5	7
4	5	1	7	8	9	3	6	2
6	3	7	2	1	4	5	9	8
9	2	8	3	6	5	1	7	4
1	6	9	8	2	3	7	4	5
5	8	2	9	4	7	6	1	3
7	4	3	1	5	6	2	8	9

4

3	7	5	4	8	1	6	2	9
6	9	8	3	2	7	1	4	5
2	1	4	6	5	9	3	8	7
5	4	2	8	7	6	9	3	1
9	3	6	1	4	5	8	7	2
1	8	7	2	9	3	5	6	4
8	2	1	9	6	4	7	5	3
4	5	3	7	1	8	2	9	6
7	6	9	5	3	2	4	1	8

5

1	9	5	4	7	3	8	2	6
7	2	3	6	5	8	4	9	1
4	8	6	2	1	9	7	5	3
9	5	2	7	3	4	1	6	8
8	6	4	5	2	1	3	7	9
3	7	1	9	8	6	2	4	5
6	4	8	3	9	2	5	1	7
5	3	9	1	4	7	6	8	2
2	1	7	8	6	5	9	3	4

6

7	6	8	5	3	2	9	4	1
2	3	4	6	9	1	5	7	8
5	1	9	4	8	7	3	2	6
3	4	5	2	6	9	1	8	7
8	2	1	3	7	4	6	5	9
6	9	7	8	1	5	2	3	4
4	8	3	1	2	6	7	9	5
1	7	2	9	5	8	4	6	3
9	5	6	7	4	3	8	1	2

7

2	5	3	9	4	8	7	6	1
6	4	8	7	1	5	2	3	9
7	9	1	6	2	3	4	8	5
5	8	6	4	3	9	1	7	2
3	2	9	1	5	7	8	4	6
4	1	7	8	6	2	5	9	3
8	3	4	5	9	1	6	2	7
9	6	5	2	7	4	3	1	8
1	7	2	3	8	6	9	5	4

8

5	3	7	4	9	2	6	1	8
9	6	1	8	3	5	4	7	2
4	8	2	7	1	6	3	5	9
2	4	5	9	8	3	1	6	7
8	1	6	5	7	4	9	2	3
7	9	3	2	6	1	8	4	5
1	7	8	6	2	9	5	3	4
6	2	4	3	5	8	7	9	1
3	5	9	1	4	7	2	8	6

9

4	5	9	6	7	8	3	2	1
2	7	1	5	3	9	6	8	4
3	8	6	4	1	2	7	9	5
5	6	3	1	9	4	8	7	2
1	4	2	8	6	7	5	3	9
8	9	7	3	2	5	4	1	6
7	1	5	2	4	3	9	6	8
6	3	4	9	8	1	2	5	7
9	2	8	7	5	6	1	4	3

10

2	3	5	6	8	7	1	4	9
1	6	9	4	3	2	5	7	8
4	8	7	5	9	1	6	2	3
3	4	1	2	5	9	7	8	6
9	7	6	8	1	3	4	5	2
5	2	8	7	6	4	3	9	1
6	9	4	1	2	5	8	3	7
8	5	2	3	7	6	9	1	4
7	1	3	9	4	8	2	6	5

11

1	8	3	4	6	9	5	7	2
6	4	7	2	8	5	1	9	3
9	5	2	7	3	1	6	4	8
2	9	4	8	5	3	7	1	6
7	1	8	6	2	4	3	5	9
5	3	6	9	1	7	8	2	4
4	6	1	5	9	8	2	3	7
3	2	9	1	7	6	4	8	5
8	7	5	3	4	2	9	6	1

12

1	8	5	9	2	3	7	4	6
6	3	7	1	4	8	2	9	5
2	4	9	5	7	6	8	1	3
3	6	4	7	9	5	1	2	8
7	5	1	2	8	4	3	6	9
9	2	8	3	6	1	5	7	4
5	9	3	6	1	7	4	8	2
4	1	2	8	3	9	6	5	7
8	7	6	4	5	2	9	3	1

13

6	1	5	8	4	2	7	9	3
4	8	3	9	7	5	6	2	1
2	7	9	3	6	1	4	8	5
8	3	7	5	9	6	1	4	2
1	9	4	7	2	8	3	5	6
5	2	6	1	3	4	8	7	9
9	4	8	6	5	3	2	1	7
7	6	2	4	1	9	5	3	8
3	5	1	2	8	7	9	6	4

14

9	7	5	1	4	2	6	3	8
2	1	6	8	3	7	5	9	4
3	8	4	9	6	5	1	2	7
7	6	2	5	1	9	8	4	3
4	3	1	2	8	6	9	7	5
8	5	9	3	7	4	2	6	1
6	2	7	4	5	8	3	1	9
5	9	3	7	2	1	4	8	6
1	4	8	6	9	3	7	5	2

15

9	4	5	1	3	8	6	7	2
3	2	8	4	6	7	9	5	1
7	1	6	9	5	2	8	3	4
1	5	3	7	9	4	2	8	6
8	6	9	5	2	1	3	4	7
4	7	2	6	8	3	5	1	9
5	8	4	2	7	9	1	6	3
2	3	1	8	4	6	7	9	5
6	9	7	3	1	5	4	2	8

16

1	5	4	3	8	2	7	9	6
2	6	7	9	5	4	1	8	3
9	3	8	7	1	6	4	5	2
6	1	2	5	3	7	8	4	9
7	8	3	2	4	9	6	1	5
4	9	5	1	6	8	3	2	7
5	7	1	4	2	3	9	6	8
8	4	9	6	7	5	2	3	1
3	2	6	8	9	1	5	7	4

17

8	3	7	2	1	6	9	5	4
1	9	6	4	3	5	8	2	7
4	2	5	9	8	7	1	6	3
9	1	2	5	7	3	4	8	6
5	4	3	6	9	8	2	7	1
6	7	8	1	2	4	5	3	9
7	5	1	3	4	2	6	9	8
2	8	9	7	6	1	3	4	5
3	6	4	8	5	9	7	1	2

18

2	3	9	6	7	1	4	5	8
7	5	1	8	4	9	6	2	3
6	8	4	2	3	5	1	7	9
1	4	3	5	2	6	8	9	7
9	2	5	1	8	7	3	6	4
8	6	7	3	9	4	2	1	5
3	1	6	7	5	8	9	4	2
5	9	8	4	6	2	7	3	1
4	7	2	9	1	3	5	8	6

19

6	9	5	4	8	1	7	2	3
4	8	7	9	3	2	5	1	6
3	1	2	6	5	7	4	9	8
9	5	6	8	2	3	1	7	4
8	7	3	1	4	5	2	6	9
1	2	4	7	6	9	3	8	5
5	4	8	2	1	6	9	3	7
2	3	9	5	7	8	6	4	1
7	6	1	3	9	4	8	5	2

20

7	2	9	5	3	8	1	6	4
8	6	5	1	2	4	3	7	9
3	1	4	9	6	7	5	8	2
2	9	1	3	8	6	4	5	7
6	4	7	2	1	5	8	9	3
5	3	8	4	7	9	6	2	1
9	5	2	8	4	3	7	1	6
1	7	3	6	5	2	9	4	8
4	8	6	7	9	1	2	3	5

21

8	1	5	7	2	6	9	4	3
6	3	9	5	4	1	7	8	2
4	2	7	8	3	9	1	5	6
9	6	3	2	8	4	5	1	7
1	7	8	6	5	3	2	9	4
5	4	2	1	9	7	3	6	8
3	8	6	9	7	5	4	2	1
7	5	1	4	6	2	8	3	9
2	9	4	3	1	8	6	7	5

22

8	7	9	6	4	5	3	1	2
4	6	1	2	3	9	8	5	7
2	3	5	1	7	8	6	9	4
7	9	8	3	2	4	5	6	1
3	5	6	9	1	7	2	4	8
1	2	4	5	8	6	9	7	3
9	4	3	8	6	1	7	2	5
5	1	2	7	9	3	4	8	6
6	8	7	4	5	2	1	3	9

Solutions

23

8	6	5	2	9	7	1	3	4
9	3	2	4	1	5	6	7	8
4	7	1	3	8	6	5	9	2
1	9	8	5	4	3	2	6	7
3	4	6	7	2	1	8	5	9
2	5	7	9	6	8	4	1	3
7	2	4	1	5	9	3	8	6
5	8	3	6	7	4	9	2	1
6	1	9	8	3	2	7	4	5

24

5	6	1	2	7	9	4	3	8
8	7	4	3	1	5	2	6	9
9	2	3	6	4	8	5	1	7
7	3	6	1	5	4	9	8	2
2	4	8	9	6	3	7	5	1
1	5	9	7	8	2	6	4	3
3	8	2	4	9	6	1	7	5
6	1	5	8	2	7	3	9	4
4	9	7	5	3	1	8	2	6

25

9	2	4	8	1	3	6	7	5
7	6	8	5	4	2	3	9	1
3	1	5	6	9	7	8	2	4
1	5	2	7	6	4	9	8	3
6	3	7	1	8	9	5	4	2
4	8	9	2	3	5	7	1	6
8	4	3	9	2	6	1	5	7
2	7	1	3	5	8	4	6	9
5	9	6	4	7	1	2	3	8

26

2	1	7	4	9	5	8	3	6
3	6	8	2	7	1	5	4	9
9	5	4	8	6	3	2	1	7
8	4	6	1	5	7	9	2	3
5	7	2	3	8	9	1	6	4
1	9	3	6	4	2	7	5	8
4	2	5	7	3	8	6	9	1
7	3	9	5	1	6	4	8	2
6	8	1	9	2	4	3	7	5

27

1	2	7	9	6	4	3	5	8
6	8	9	5	3	2	7	1	4
3	5	4	1	8	7	9	2	6
7	1	2	4	5	3	8	6	9
8	9	6	2	7	1	5	4	3
4	3	5	8	9	6	2	7	1
2	6	3	7	1	8	4	9	5
9	7	1	3	4	5	6	8	2
5	4	8	6	2	9	1	3	7

28

1	7	6	4	8	2	3	9	5
4	9	2	3	1	5	6	7	8
3	5	8	6	7	9	4	1	2
8	2	7	9	4	6	5	3	1
6	3	9	2	5	1	8	4	7
5	1	4	7	3	8	2	6	9
7	8	5	1	6	3	9	2	4
9	6	1	5	2	4	7	8	3
2	4	3	8	9	7	1	5	6

29

1	7	4	2	8	5	9	6	3
5	6	9	7	1	3	2	8	4
8	2	3	9	6	4	5	1	7
3	5	8	1	7	6	4	9	2
7	4	6	3	9	2	8	5	1
2	9	1	4	5	8	3	7	6
9	3	5	6	2	1	7	4	8
6	8	2	5	4	7	1	3	9
4	1	7	8	3	9	6	2	5

30

6	7	1	4	8	2	9	3	5
3	8	4	9	5	6	2	1	7
9	2	5	3	7	1	4	6	8
5	4	3	6	9	7	8	2	1
8	1	9	5	2	4	6	7	3
7	6	2	1	3	8	5	9	4
4	9	8	7	6	3	1	5	2
2	5	7	8	1	9	3	4	6
1	3	6	2	4	5	7	8	9

31

7	9	5	6	1	2	3	4	8
8	6	4	5	9	3	7	2	1
3	2	1	7	8	4	9	6	5
9	1	7	4	3	8	2	5	6
5	4	2	9	6	7	8	1	3
6	8	3	2	5	1	4	9	7
1	7	9	3	2	6	5	8	4
4	5	8	1	7	9	6	3	2
2	3	6	8	4	5	1	7	9

32

5	4	8	2	9	7	1	6	3
7	1	9	6	4	3	5	8	2
3	6	2	5	8	1	4	7	9
9	2	1	3	6	8	7	4	5
4	5	7	1	2	9	8	3	6
6	8	3	7	5	4	2	9	1
1	3	5	8	7	6	9	2	4
2	7	4	9	3	5	6	1	8
8	9	6	4	1	2	3	5	7

33

8	5	1	6	4	9	2	3	7
2	7	6	1	8	3	4	9	5
9	3	4	2	7	5	1	8	6
7	1	8	5	9	6	3	4	2
3	9	5	4	2	1	7	6	8
6	4	2	8	3	7	9	5	1
4	8	7	3	5	2	6	1	9
5	6	9	7	1	4	8	2	3
1	2	3	9	6	8	5	7	4

34

1	5	4	6	8	9	7	3	2
3	8	6	5	7	2	1	9	4
9	7	2	4	1	3	6	8	5
2	1	3	8	9	4	5	6	7
8	4	5	7	3	6	9	2	1
7	6	9	1	2	5	3	4	8
5	2	7	9	6	8	4	1	3
6	3	1	2	4	7	8	5	9
4	9	8	3	5	1	2	7	6

35

7	5	8	6	1	9	2	3	4
2	1	9	4	7	3	8	6	5
4	3	6	8	5	2	1	9	7
5	7	3	9	4	1	6	8	2
8	2	1	5	3	6	7	4	9
6	9	4	7	2	8	5	1	3
3	4	2	1	8	7	9	5	6
1	6	5	2	9	4	3	7	8
9	8	7	3	6	5	4	2	1

36

4	8	6	9	1	2	3	5	7
7	5	9	3	6	8	4	1	2
3	2	1	4	5	7	8	6	9
6	7	2	1	9	4	5	8	3
5	4	8	2	7	3	6	9	1
1	9	3	5	8	6	2	7	4
9	3	7	6	2	5	1	4	8
2	1	5	8	4	9	7	3	6
8	6	4	7	3	1	9	2	5

37

4	8	3	6	9	1	7	2	5
9	1	2	3	7	5	8	6	4
5	6	7	4	2	8	9	1	3
6	4	8	7	5	2	3	9	1
1	3	9	8	4	6	2	5	7
2	7	5	9	1	3	4	8	6
3	5	1	2	8	4	6	7	9
8	9	4	5	6	7	1	3	2
7	2	6	1	3	9	5	4	8

38

6	4	1	8	9	5	7	3	2
5	7	9	3	6	2	8	1	4
3	2	8	1	7	4	9	6	5
2	1	7	6	4	9	5	8	3
8	5	4	7	1	3	2	9	6
9	6	3	5	2	8	4	7	1
7	8	5	2	3	1	6	4	9
4	3	2	9	8	6	1	5	7
1	9	6	4	5	7	3	2	8

39

7	9	2	6	3	5	8	4	1
1	4	6	7	9	8	5	2	3
5	8	3	2	4	1	7	6	9
2	1	9	8	7	3	4	5	6
8	5	4	1	6	9	3	7	2
6	3	7	5	2	4	9	1	8
4	2	5	3	8	6	1	9	7
3	6	1	9	5	7	2	8	4
9	7	8	4	1	2	6	3	5

40

9	2	6	5	3	8	1	7	4
7	3	5	1	4	2	9	6	8
4	8	1	7	9	6	3	5	2
3	6	8	4	2	5	7	9	1
5	4	7	9	8	1	2	3	6
1	9	2	3	6	7	8	4	5
8	1	3	6	5	9	4	2	7
2	5	4	8	7	3	6	1	9
6	7	9	2	1	4	5	8	3

41

6	4	5	1	3	2	9	7	8
7	1	3	5	9	8	4	2	6
8	9	2	4	6	7	3	5	1
9	5	8	2	7	4	6	1	3
2	7	4	6	1	3	8	9	5
1	3	6	9	8	5	2	4	7
3	6	1	7	4	9	5	8	2
4	2	7	8	5	6	1	3	9
5	8	9	3	2	1	7	6	4

42

8	1	9	7	5	2	3	4	6
4	7	3	8	9	6	1	2	5
6	5	2	4	3	1	7	9	8
5	4	1	9	2	8	6	7	3
9	3	7	1	6	5	2	8	4
2	8	6	3	7	4	5	1	9
3	2	4	6	8	7	9	5	1
1	9	5	2	4	3	8	6	7
7	6	8	5	1	9	4	3	2

43

9	4	8	6	5	1	7	3	2
7	5	6	4	3	2	1	8	9
2	1	3	8	9	7	4	5	6
3	2	4	1	7	8	6	9	5
1	8	7	9	6	5	3	2	4
6	9	5	3	2	4	8	1	7
5	6	9	7	8	3	2	4	1
8	7	1	2	4	9	5	6	3
4	3	2	5	1	6	9	7	8

44

3	9	7	6	8	2	5	1	4
2	4	5	1	9	7	3	8	6
6	8	1	5	4	3	9	2	7
9	6	4	7	5	1	2	3	8
1	3	2	9	6	8	7	4	5
7	5	8	2	3	4	1	6	9
4	2	9	8	1	5	6	7	3
5	1	3	4	7	6	8	9	2
8	7	6	3	2	9	4	5	1

45

5	3	7	4	9	1	2	6	8
6	4	8	2	5	3	7	9	1
2	1	9	8	7	6	3	5	4
8	6	4	9	3	5	1	2	7
1	5	3	7	8	2	6	4	9
7	9	2	1	6	4	5	8	3
4	7	6	3	2	8	9	1	5
9	8	5	6	1	7	4	3	2
3	2	1	5	4	9	8	7	6

46

5	7	8	3	1	4	6	9	2
4	9	3	8	6	2	7	1	5
6	1	2	9	5	7	3	4	8
9	5	7	4	8	3	1	2	6
2	4	6	1	7	9	5	8	3
3	8	1	5	2	6	9	7	4
1	6	9	2	3	8	4	5	7
8	3	5	7	4	1	2	6	9
7	2	4	6	9	5	8	3	1

47

2	7	4	9	3	5	6	1	8
5	6	9	2	1	8	4	7	3
8	3	1	6	7	4	9	5	2
9	5	2	7	4	3	8	6	1
6	1	8	5	9	2	7	3	4
7	4	3	1	8	6	2	9	5
1	9	5	4	2	7	3	8	6
3	2	7	8	6	1	5	4	9
4	8	6	3	5	9	1	2	7

48

5	9	3	4	7	6	2	8	1
7	1	8	2	5	9	4	6	3
4	2	6	3	8	1	9	5	7
2	6	4	5	1	8	7	3	9
1	8	9	7	4	3	5	2	6
3	5	7	9	6	2	1	4	8
8	4	5	6	9	7	3	1	2
9	3	1	8	2	5	6	7	4
6	7	2	1	3	4	8	9	5

49

2	5	8	3	6	9	7	1	4
4	7	9	1	2	8	5	3	6
1	3	6	4	5	7	2	9	8
9	1	3	5	8	6	4	7	2
8	4	7	2	1	3	6	5	9
6	2	5	7	9	4	1	8	3
5	9	1	8	4	2	3	6	7
7	6	4	9	3	1	8	2	5
3	8	2	6	7	5	9	4	1

50

3	8	2	7	5	1	9	4	6
5	9	4	8	6	3	7	1	2
1	6	7	9	2	4	8	3	5
7	2	3	6	4	8	1	5	9
8	4	1	5	3	9	6	2	7
9	5	6	2	1	7	3	8	4
2	1	8	4	9	6	5	7	3
4	3	9	1	7	5	2	6	8
6	7	5	3	8	2	4	9	1

51

7	5	6	8	1	3	9	2	4
4	8	3	9	5	2	6	7	1
2	9	1	6	4	7	8	3	5
6	1	2	5	3	9	7	4	8
9	3	7	4	2	8	5	1	6
8	4	5	1	7	6	2	9	3
5	6	4	2	9	1	3	8	7
3	2	8	7	6	4	1	5	9
1	7	9	3	8	5	4	6	2

52

9	8	2	6	3	5	4	7	1
3	1	6	8	4	7	5	2	9
7	4	5	2	9	1	6	3	8
5	6	7	9	8	2	3	1	4
8	9	3	1	5	4	2	6	7
1	2	4	3	7	6	9	8	5
2	7	9	5	6	8	1	4	3
6	5	8	4	1	3	7	9	2
4	3	1	7	2	9	8	5	6

53

4	7	9	3	5	6	2	1	8
6	2	3	8	1	4	9	5	7
1	8	5	2	7	9	4	3	6
7	5	1	6	2	3	8	4	9
8	3	6	9	4	1	5	7	2
2	9	4	7	8	5	3	6	1
9	1	8	5	3	7	6	2	4
3	6	7	4	9	2	1	8	5
5	4	2	1	6	8	7	9	3

54

1	4	6	5	7	9	3	2	8
5	2	8	1	3	6	9	4	7
7	9	3	2	8	4	5	6	1
8	6	2	3	5	7	1	9	4
3	1	9	4	6	8	7	5	2
4	7	5	9	2	1	6	8	3
2	5	4	6	1	3	8	7	9
9	8	1	7	4	5	2	3	6
6	3	7	8	9	2	4	1	5

55

4	8	5	9	1	3	6	2	7
3	2	7	6	5	8	9	4	1
9	1	6	4	2	7	5	3	8
1	9	4	5	3	6	8	7	2
5	6	8	7	4	2	1	9	3
2	7	3	1	8	9	4	5	6
7	5	9	3	6	1	2	8	4
8	3	1	2	9	4	7	6	5
6	4	2	8	7	5	3	1	9

56

6	7	9	8	2	3	5	1	4
2	8	3	5	4	1	9	6	7
4	5	1	9	7	6	3	2	8
5	1	4	6	9	7	2	8	3
8	3	2	1	5	4	6	7	9
7	9	6	3	8	2	1	4	5
9	6	7	2	3	8	4	5	1
3	2	8	4	1	5	7	9	6
1	4	5	7	6	9	8	3	2

57

5	1	8	3	2	6	9	4	7
6	7	9	4	1	8	5	2	3
4	2	3	7	9	5	8	6	1
3	9	2	6	5	7	1	8	4
1	8	4	9	3	2	6	7	5
7	6	5	1	8	4	3	9	2
8	4	6	5	7	1	2	3	9
2	3	1	8	4	9	7	5	6
9	5	7	2	6	3	4	1	8

58

6	5	7	4	2	8	3	1	9
9	3	8	1	6	7	5	4	2
1	4	2	9	5	3	6	8	7
2	6	5	3	8	9	1	7	4
7	9	3	6	1	4	2	5	8
8	1	4	5	7	2	9	3	6
5	8	1	7	9	6	4	2	3
3	2	9	8	4	1	7	6	5
4	7	6	2	3	5	8	9	1

59

6	2	8	9	3	4	5	1	7
5	9	4	1	7	8	6	2	3
3	1	7	6	2	5	9	8	4
7	5	6	2	8	1	4	3	9
9	4	2	3	5	6	8	7	1
1	8	3	7	4	9	2	5	6
4	3	1	5	6	2	7	9	8
2	6	9	8	1	7	3	4	5
8	7	5	4	9	3	1	6	2

60

7	9	8	4	1	6	5	3	2
5	3	2	7	9	8	4	1	6
4	1	6	5	3	2	7	9	8
9	8	5	1	6	7	3	2	4
3	2	4	9	8	5	1	6	7
1	6	7	3	2	4	9	8	5
8	5	3	6	7	9	2	4	1
2	4	1	8	5	3	6	7	9
6	7	9	2	4	1	8	5	3

61

9	3	1	8	6	2	4	7	5
2	6	7	9	5	4	3	8	1
4	8	5	7	1	3	9	2	6
5	2	9	4	8	6	1	3	7
6	7	3	1	2	5	8	9	4
8	1	4	3	7	9	6	5	2
3	5	2	6	9	1	7	4	8
1	4	8	5	3	7	2	6	9
7	9	6	2	4	8	5	1	3

62

8	7	4	9	6	1	3	2	5
2	1	3	5	4	8	6	7	9
9	5	6	7	3	2	4	8	1
7	3	2	4	9	6	1	5	8
5	8	9	3	1	7	2	6	4
6	4	1	2	8	5	7	9	3
4	9	7	8	2	3	5	1	6
1	2	8	6	5	4	9	3	7
3	6	5	1	7	9	8	4	2

63

7	1	5	6	8	2	3	4	9
2	4	8	7	3	9	6	5	1
9	3	6	1	4	5	8	7	2
6	5	3	4	2	8	9	1	7
1	2	7	3	9	6	4	8	5
4	8	9	5	1	7	2	3	6
8	9	1	2	5	4	7	6	3
5	6	4	9	7	3	1	2	8
3	7	2	8	6	1	5	9	4

64

8	2	1	6	4	9	5	7	3
3	4	5	2	1	7	9	6	8
6	9	7	3	5	8	2	1	4
4	8	3	7	2	1	6	5	9
9	7	6	5	8	4	3	2	1
1	5	2	9	6	3	4	8	7
7	6	9	8	3	2	1	4	5
5	1	8	4	9	6	7	3	2
2	3	4	1	7	5	8	9	6

65

9	7	3	5	2	4	1	6	8
6	5	1	8	9	7	3	4	2
4	8	2	3	6	1	9	5	7
1	9	8	7	4	5	2	3	6
2	3	4	1	8	6	7	9	5
7	6	5	2	3	9	8	1	4
8	4	7	9	5	3	6	2	1
3	2	6	4	1	8	5	7	9
5	1	9	6	7	2	4	8	3

66

6	2	3	4	1	9	8	7	5
5	7	4	3	8	2	9	6	1
9	8	1	7	6	5	4	3	2
3	9	8	1	2	6	5	4	7
2	4	7	5	3	8	1	9	6
1	5	6	9	4	7	2	8	3
4	6	9	2	7	1	3	5	8
8	1	5	6	9	3	7	2	4
7	3	2	8	5	4	6	1	9

67

9	5	2	6	8	4	1	3	7
8	7	6	9	3	1	5	2	4
4	3	1	2	5	7	9	6	8
7	6	5	8	9	3	4	1	2
3	1	4	7	2	5	8	9	6
2	9	8	1	4	6	3	7	5
5	4	9	3	7	2	6	8	1
1	8	7	4	6	9	2	5	3
6	2	3	5	1	8	7	4	9

68

3	6	7	9	5	8	2	4	1
9	5	4	2	7	1	3	8	6
2	8	1	4	6	3	5	9	7
1	7	9	6	3	4	8	2	5
6	4	2	7	8	5	9	1	3
5	3	8	1	9	2	6	7	4
8	2	6	5	4	7	1	3	9
4	1	5	3	2	9	7	6	8
7	9	3	8	1	6	4	5	2

69

8	7	9	4	6	2	3	5	1
5	1	6	9	3	7	4	2	8
3	2	4	8	1	5	7	6	9
2	4	8	1	7	6	5	9	3
1	6	5	2	9	3	8	7	4
7	9	3	5	8	4	2	1	6
6	5	1	3	2	8	9	4	7
4	8	7	6	5	9	1	3	2
9	3	2	7	4	1	6	8	5

70

5	3	6	4	8	1	2	7	9
7	8	4	9	6	2	5	3	1
2	9	1	3	7	5	6	8	4
1	5	7	6	3	8	9	4	2
3	4	8	2	5	9	1	6	7
6	2	9	7	1	4	8	5	3
4	1	3	8	2	6	7	9	5
9	6	2	5	4	7	3	1	8
8	7	5	1	9	3	4	2	6

71

6	2	8	3	1	4	7	5	9
3	4	5	9	2	7	6	8	1
7	9	1	5	8	6	3	4	2
5	8	3	2	9	1	4	6	7
1	7	9	6	4	5	2	3	8
2	6	4	8	7	3	9	1	5
9	5	6	7	3	8	1	2	4
4	3	7	1	5	2	8	9	6
8	1	2	4	6	9	5	7	3

72

3	8	4	9	2	7	1	6	5
2	7	5	1	6	8	3	9	4
6	1	9	3	4	5	2	8	7
1	2	3	6	8	4	7	5	9
5	4	7	2	9	3	6	1	8
9	6	8	7	5	1	4	3	2
4	5	1	8	7	6	9	2	3
7	9	6	5	3	2	8	4	1
8	3	2	4	1	9	5	7	6

73

6	7	9	1	5	2	8	4	3
5	3	2	4	9	8	1	6	7
4	8	1	3	7	6	2	9	5
9	1	3	2	8	4	7	5	6
2	6	7	9	1	5	4	3	8
8	5	4	7	6	3	9	1	2
3	2	6	8	4	9	5	7	1
1	4	8	5	3	7	6	2	9
7	9	5	6	2	1	3	8	4

74

8	1	5	4	6	7	9	2	3
4	2	3	5	1	9	8	7	6
9	7	6	8	2	3	4	5	1
1	6	4	3	5	8	2	9	7
2	5	7	1	9	4	3	6	8
3	9	8	2	7	6	5	1	4
6	4	9	7	8	2	1	3	5
7	8	1	9	3	5	6	4	2
5	3	2	6	4	1	7	8	9

75

7	2	6	4	8	3	9	1	5
3	1	8	2	9	5	4	6	7
4	5	9	6	7	1	2	3	8
5	3	1	8	2	9	6	7	4
8	6	7	5	1	4	3	9	2
9	4	2	3	6	7	5	8	1
2	7	5	1	3	6	8	4	9
6	9	4	7	5	8	1	2	3
1	8	3	9	4	2	7	5	6

76

9	1	7	2	3	4	8	6	5
3	8	4	1	6	5	9	7	2
6	5	2	8	9	7	3	1	4
5	3	6	7	8	2	4	9	1
4	2	1	9	5	3	7	8	6
8	7	9	4	1	6	2	5	3
1	4	8	6	2	9	5	3	7
7	9	3	5	4	1	6	2	8
2	6	5	3	7	8	1	4	9

77

8	7	6	5	9	4	3	2	1
1	3	5	7	8	2	6	9	4
2	4	9	6	3	1	7	5	8
4	2	8	9	6	3	5	1	7
5	6	7	1	4	8	2	3	9
3	9	1	2	7	5	8	4	6
7	5	2	8	1	9	4	6	3
6	1	4	3	2	7	9	8	5
9	8	3	4	5	6	1	7	2

78

8	3	2	1	6	4	5	9	7
4	6	9	2	7	5	3	1	8
7	1	5	9	8	3	2	4	6
9	2	3	4	1	8	6	7	5
1	4	7	3	5	6	9	8	2
5	8	6	7	2	9	4	3	1
6	9	1	8	3	2	7	5	4
2	7	4	5	9	1	8	6	3
3	5	8	6	4	7	1	2	9

79

9	7	6	4	1	5	2	8	3
8	2	5	7	3	9	6	1	4
1	4	3	2	8	6	7	5	9
2	1	4	9	6	8	3	7	5
7	3	9	1	5	2	4	6	8
5	6	8	3	4	7	1	9	2
3	9	2	5	7	1	8	4	6
6	5	1	8	2	4	9	3	7
4	8	7	6	9	3	5	2	1

80

4	5	8	2	9	7	3	1	6
7	2	9	6	3	1	5	8	4
3	1	6	8	4	5	7	2	9
2	9	7	3	1	6	8	4	5
1	6	3	4	5	8	2	9	7
5	8	4	9	7	2	1	6	3
6	3	1	5	8	4	9	7	2
8	4	5	7	2	9	6	3	1
9	7	2	1	6	3	4	5	8

81

6	7	5	8	4	2	9	3	1
3	9	2	1	7	6	8	5	4
8	4	1	9	3	5	7	6	2
2	1	3	6	5	9	4	7	8
7	5	9	4	1	8	3	2	6
4	8	6	7	2	3	5	1	9
5	3	8	2	6	4	1	9	7
9	2	7	3	8	1	6	4	5
1	6	4	5	9	7	2	8	3

82

4	1	6	7	2	8	5	9	3
9	5	7	3	4	6	8	2	1
2	3	8	9	5	1	7	6	4
3	6	5	8	9	2	4	1	7
1	4	2	5	7	3	6	8	9
7	8	9	6	1	4	2	3	5
8	7	1	2	3	5	9	4	6
6	9	4	1	8	7	3	5	2
5	2	3	4	6	9	1	7	8

83

5	1	2	9	3	4	6	8	7
8	4	6	7	5	1	2	9	3
7	9	3	6	2	8	1	5	4
6	8	5	2	1	3	4	7	9
9	3	4	8	6	7	5	2	1
1	2	7	5	4	9	8	3	6
2	7	8	1	9	6	3	4	5
4	6	9	3	8	5	7	1	2
3	5	1	4	7	2	9	6	8

84

3	2	6	5	1	8	7	4	9
1	4	8	7	9	6	2	5	3
9	7	5	2	3	4	8	6	1
4	8	3	6	7	2	1	9	5
2	1	9	4	5	3	6	7	8
5	6	7	1	8	9	4	3	2
6	5	1	3	2	7	9	8	4
8	3	4	9	6	1	5	2	7
7	9	2	8	4	5	3	1	6

85

6	4	5	2	7	8	3	9	1
7	8	2	9	1	3	6	4	5
3	9	1	5	6	4	8	2	7
9	1	3	6	4	5	2	7	8
4	5	6	7	8	2	9	1	3
8	2	7	1	3	9	4	5	6
2	7	8	3	9	1	5	6	4
1	3	9	4	5	6	7	8	2
5	6	4	8	2	7	1	3	9

86

7	8	5	3	9	4	2	6	1
3	4	2	1	6	7	8	9	5
9	1	6	2	5	8	7	3	4
2	5	1	4	8	3	9	7	6
4	6	7	5	2	9	3	1	8
8	3	9	7	1	6	4	5	2
1	9	8	6	3	2	5	4	7
6	2	4	9	7	5	1	8	3
5	7	3	8	4	1	6	2	9

87

8	1	3	6	9	5	7	4	2
9	7	4	1	2	8	3	6	5
6	2	5	7	4	3	9	1	8
7	5	9	2	6	4	1	8	3
3	6	8	9	5	1	4	2	7
1	4	2	8	3	7	6	5	9
5	8	6	3	1	9	2	7	4
2	3	7	4	8	6	5	9	1
4	9	1	5	7	2	8	3	6

88

5	2	3	6	1	4	9	8	7
7	6	1	3	8	9	2	4	5
8	4	9	2	5	7	1	6	3
9	7	4	8	6	3	5	2	1
1	3	5	4	7	2	6	9	8
6	8	2	1	9	5	3	7	4
3	1	6	7	2	8	4	5	9
2	5	7	9	4	1	8	3	6
4	9	8	5	3	6	7	1	2

89

1	9	7	3	6	5	2	8	4
4	6	2	7	8	9	1	5	3
8	3	5	1	4	2	7	6	9
5	2	9	4	7	8	6	3	1
3	7	4	6	5	1	9	2	8
6	1	8	2	9	3	4	7	5
9	5	1	8	2	7	3	4	6
2	8	6	9	3	4	5	1	7
7	4	3	5	1	6	8	9	2

90

6	7	3	9	1	4	5	2	8
1	8	4	5	7	2	6	3	9
9	5	2	3	6	8	7	1	4
7	4	5	8	3	6	1	9	2
8	2	6	1	9	7	3	4	5
3	9	1	2	4	5	8	6	7
2	6	9	7	8	1	4	5	3
5	1	8	4	2	3	9	7	6
4	3	7	6	5	9	2	8	1

91

9	8	6	1	4	2	3	5	7
7	1	5	6	3	9	8	4	2
2	4	3	7	8	5	9	6	1
5	9	2	4	7	8	6	1	3
4	6	7	3	9	1	2	8	5
8	3	1	2	5	6	7	9	4
3	2	8	5	6	4	1	7	9
6	7	4	9	1	3	5	2	8
1	5	9	8	2	7	4	3	6

92

1	2	5	7	4	3	9	6	8
7	4	9	2	8	6	5	1	3
6	3	8	5	1	9	7	4	2
3	8	1	4	2	7	6	9	5
5	6	7	3	9	8	1	2	4
2	9	4	1	6	5	8	3	7
9	5	2	6	7	4	3	8	1
4	7	6	8	3	1	2	5	9
8	1	3	9	5	2	4	7	6

93

2	4	1	3	5	8	7	6	9
7	9	3	6	1	2	4	8	5
5	6	8	7	4	9	2	1	3
6	7	2	8	9	1	3	5	4
9	3	5	4	2	6	1	7	8
8	1	4	5	3	7	9	2	6
3	8	7	2	6	4	5	9	1
1	5	6	9	7	3	8	4	2
4	2	9	1	8	5	6	3	7

94

7	6	4	5	3	9	8	2	1
3	8	1	4	2	6	9	7	5
5	9	2	1	7	8	3	4	6
6	7	9	2	1	5	4	3	8
1	2	8	3	9	4	5	6	7
4	5	3	8	6	7	2	1	9
8	4	7	6	5	2	1	9	3
2	3	6	9	8	1	7	5	4
9	1	5	7	4	3	6	8	2

95

6	4	2	7	9	3	5	1	8
7	3	9	8	5	1	6	4	2
1	5	8	4	2	6	7	3	9
2	8	6	9	3	7	1	5	4
5	9	1	2	6	4	8	7	3
4	7	3	5	1	8	2	9	6
3	2	7	1	8	9	4	6	5
9	1	5	6	4	2	3	8	7
8	6	4	3	7	5	9	2	1

96

4	2	6	5	9	8	1	3	7
7	3	9	4	6	1	8	2	5
5	8	1	2	7	3	6	9	4
8	9	3	6	5	2	4	7	1
1	5	4	9	8	7	3	6	2
6	7	2	1	3	4	5	8	9
3	1	7	8	4	9	2	5	6
9	4	5	3	2	6	7	1	8
2	6	8	7	1	5	9	4	3

Solutions

97

8	1	2	4	6	3	9	7	5
7	3	4	5	9	8	6	2	1
6	5	9	7	1	2	3	8	4
3	8	7	2	5	1	4	9	6
5	2	1	9	4	6	8	3	7
9	4	6	8	3	7	1	5	2
1	9	3	6	7	5	2	4	8
2	6	5	3	8	4	7	1	9
4	7	8	1	2	9	5	6	3

98

4	6	3	8	9	5	1	7	2
1	5	7	6	3	2	8	9	4
9	2	8	4	7	1	5	6	3
5	8	9	7	2	6	3	4	1
3	1	4	5	8	9	7	2	6
2	7	6	3	1	4	9	5	8
8	3	5	2	4	7	6	1	9
7	9	2	1	6	3	4	8	5
6	4	1	9	5	8	2	3	7

99

1	2	6	4	3	9	5	8	7
3	5	8	1	7	2	6	4	9
7	4	9	6	5	8	1	2	3
9	3	5	2	6	4	8	7	1
4	1	7	8	9	5	3	6	2
8	6	2	7	1	3	4	9	5
6	8	1	3	2	7	9	5	4
5	7	3	9	4	6	2	1	8
2	9	4	5	8	1	7	3	6

100

2	3	5	8	7	4	6	1	9
4	9	6	1	5	3	2	7	8
7	1	8	2	6	9	4	3	5
9	7	2	3	8	5	1	6	4
6	5	4	7	1	2	8	9	3
3	8	1	9	4	6	7	5	2
8	6	9	4	3	1	5	2	7
5	2	7	6	9	8	3	4	1
1	4	3	5	2	7	9	8	6